EL PODER DEL

SÍ

BLUME

Título original *The Power of Yes*

Edición Roly Allen, Helen Rochester,
Zara Anvari, Frank Gallaugher, Jenny Dye,
Stephanie Hetherington
Dirección de arte Julie Weir
Diseño Ben Gardiner
Traducción Lluïsa Moreno Llort
**Coordinación de la edición
en lengua española**
Cristina Rodríguez Fischer

Primera edición en lengua española 2019

© 2019 Naturart, S.A. Editado por BLUME
Carrer de les Alberes, 52, 2°, Vallvidrera
08017 Barcelona
Tel. 93 205 40 00 e-mail: info@blume.net
© 2018 Octopus Publishing Group Ltd, Londres
© 2018 del texto Abbie Headon

I.S.B.N.: 978-84-17492-67-0

Impreso en China

WWW.BLUME.NET

Este libro se ha impreso sobre papel
manufacturado con materia prima procedente de
bosques de gestión responsable. En la producción
de nuestros libros procuramos, con el máximo empeño,
cumplir con los requisitos medioambientales que
promueven la conservación y el uso responsable
de los bosques, en especial de los bosques primarios.
Asimismo, en nuestra preocupación por el planeta,
intentamos emplear al máximo materiales reciclados
y solicitamos a nuestros proveedores que usen
materiales de manufactura cuya fabricación
esté libre de cloro elemental (ECF) o de metales
pesados, entre otros.

Créditos de las imágenes:
Shutterstock: AlexHliv, página 31; Christine Schmidt,
página 46; Creativika Graphics, página 5; Creators
Club, páginas 14 y 24; Curly Roo, página 22;
DistanceO, portada; Dolvalol, página 36;
Fay Francevna, página 13; liskus, páginas 30 y 32;
Perfect Vectors, página 40; Samolevsky, página 16;
Waranon, página 37; yayha, páginas 28 y 29.

Consejos positivos y prácticos
para ayudarle a ¡vivir la vida a tope!

EL PODER DEL

SÍ

—

BLUME   ABBIE HEADON

CONTENIDO

INTRODUCCIÓN

¡SUSCRÍBASE AL SÍ!

Le damos la bienvenida a *El poder del sí*. Es fantástico tenerle aquí. Nos esforzaremos para que su día a día sea tan alegre y fructífero como sea posible. ¡Sacará mucho más partido a su vida si se la toma con un «sí»!

En estas páginas descubrirá qué es lo que da chispa a su vida y lo que nos ayuda a lograr nuestros objetivos. Por descontado, todo el mundo pasa por momentos de falta de autoestima y cantidades variables de «síes» en su vida, incluso yo misma. Por este motivo me ha gustado escribir sobre la asertividad en todas sus facetas: porque sé lo estupendamente bien y activa que me siento cuando reboso de asertividad, y he dedicado mucho tiempo a reflexionar sobre cuáles son los elementos mágicos que hacen que la vida sea más plena y satisfactoria.

He dividido el libro en capítulos temáticos, cada uno de los cuales se centra en una parte distinta de la vida. En primer lugar, mediante una **encuesta,** averiguaremos cómo se siente y luego profundizaremos en sus **sueños** y ambiciones. Nos adentraremos en el gran mundo exterior con un capítulo sobre **exploradores,** abriremos la mente centrándonos en el **aprendizaje** y daremos la bienvenida a la semana laboral con un capítulo dedicado a las **trayectorias profesionales.** Estudiaremos cómo construir **relaciones** productivas, y, a continuación, nos enfocaremos en **amarnos.** Después evaluaremos cómo hacer que nuestro **hogar** sea el lugar perfecto para relajarnos, y más tarde averiguaremos cuáles son las mejores formas de **descanso.** Por último, nos pondremos en marcha y empezaremos a **cambiar el mundo.**

Cada capítulo contiene tres **Laboratorios del sí,** que le dan ideas concretas sobre cómo añadir más «sí» a su vida, junto con consejos para ayudarle a **silenciar las críticas,** tanto las internas como las externas. **Un caso real del sí** presenta a personas que han conseguido grandes logros tan solo escuchando su «sí» interior, lo que estimulará la confianza en usted mismo, y al final de cada capítulo, **Sí, pero...** plantea cómo podemos superar los obstáculos con que podemos encontrarnos.

Únase a mí en esta aventura de la asertividad y descubra el poder del SÍ.

EVALUACIÓN PRELIMINAR

ANTES DE EMPEZAR

En primer lugar, evaluemos en qué punto se encuentra usted ahora. Decida en qué medida es cierta cada una de las afirmaciones de la tabla con respecto a usted y marque la casilla que expresa cómo se siente.

En algunos ámbitos se sentirá seguro y fuerte, mientras que en otros puede que desee que las cosas sean distintas. Este es justamente el propósito del presente libro: evaluaremos todas estas cuestiones, una a una, y le daremos consejos que le ayudarán a marcar las casillas más próximas a la columna «Siempre». Todo viaje empieza con un paso... Empecemos juntos. Le impresionará ver lo lejos que puede llegar cuando descubra su «sí» interior.

Creo que puedo lograr mis sueños

Me divierte explorar el mundo que me rodea

Mi vida me brinda oportunidades para aprender cosas nuevas

Progreso en mi trayectoria profesional

Mis relaciones son satisfactorias

Estoy contento con quien soy y con mi aspecto

Mi hogar me hace sentir como en casa

Después de descansar, me siento renovado y preparado para todo

Creo que puedo cambiar el mundo

NUNCA	MUY POCAS VECES	A VECES	A MENUDO	SIEMPRE

1

DIGA SÍ A LOS GRANDES SUEÑOS

¿Recuerda que, cuando era un niño, jugaba a ser una princesa, un aventurero o una estrella del pop? De pronto se convertía en esta persona. El mundo era un espacio de juego: debajo la mesa del comedor podía haber una cueva, y la alfombra que rodeaba su cama podía ser un mar infestado de tiburones hambrientos. Su imaginación le permitía hacer todo cuanto quería y ser cualquier cosa, sin miedos ni prejuicios.

A medida que crecemos, tenemos tendencia a perder parte de esta libertad de la infancia. Desarrollamos ideas fijas y creencias sobre nosotros mismos, nuestras personalidades y nuestros trabajos, y pensamos menos en todas las otras oportunidades que están ahí fuera esperándonos.

Sin embargo, las normas que fijamos para nosotros mismos se pueden romper. Con independencia de cuál sea su trabajo actual y de cuáles sean, desde su punto de vista, sus aptitudes, usted tiene la capacidad de cambiar las cosas, tanto en su vida personal como en el mundo exterior. En este capítulo vamos a despertar de nuevo su yo superimaginativo y creativo, y le conectaremos con el mayor poder de todos, que es el de soñar y hacer realidad esos sueños.

**Sueña sueños nobles
y, según cómo sueñes,
así llegarás a ser.**

JAMES ALLEN

LABORATORIO DEL SÍ

ENCUENTRE SUS OBJETIVOS

———

Todos poseemos unas reservas inmensas de capacidades y posibilidades sin explotar. Lo único que necesitamos es identificar un objetivo y luego empezar a avanzar hacia él. Así pues, empecemos.

Piense en los ámbitos de su vida que son más importantes para usted. Pueden ser el trabajo, el amor, su lado creativo... Depende de usted. Copie la tabla inferior; le resultará de ayuda para plasmar sus ideas.

Ahora piense de qué modo desearía cambiar y desenvolverse respecto a cada ámbito. Tal vez le guste su trabajo, pero le parezca un poco aburrido, o quizá quiera que una de las relaciones clave en su vida sea más positiva y gratificante.

Para el siguiente paso, céntrese en cada objetivo y pregúntese qué necesitará para lograrlo. Puede que escoja un poco más de formación para intentar ascender otro escalón en su carrera, o tal vez necesite pasar más tiempo con una persona en concreto para fortalecer el vínculo que les une. Una idea o dos serán suficientes para empezar.

Por último, anote cómo sabrá que ha logrado su objetivo. Así fijará una meta muy real y firme, y sabrá cuándo ha llegado.

Tema	
Quiero...	
Esto es lo que necesito para lograrlo	
Lograr mi objetivo significará esto	

LABORATORIO DEL SÍ

DEL SÍ

ATRÉVASE A FALLAR

Una de las cosas que nos impiden intentar alcanzar nuestros sueños es el miedo a fallar, lo que es en cierto modo razonable: el fracaso de un proyecto puede significar un golpe muy duro. Estas herramientas le ayudarán a enfrentarse al fracaso y a ver sus lados positivos.

LA RESILIENCIA AYUDA: todos nos llevamos reveses, y la gente que ha conocido el éxito a menudo es la que no da su brazo a torcer en los momentos difíciles. Piense cómo hace frente a las frustraciones diarias, como puede ser perder el autobús. ¿Se viene abajo o busca un plan B? La resiliencia es una aptitud increíblemente valiosa, y desarrollarla y ponerla en práctica en su vida diaria le resultará de ayuda para cuando la necesite en proyectos más ambiciosos.

NO TIENE POR QUÉ SER PERFECTO: está muy bien querer ser el mejor o la mejor en todo lo que hace, pero eso no es ser muy realista. Si espera ser perfecto en algo antes de lanzarse a ello, puede que esté esperando toda la vida. Deje que un «bastante bien» sea su punto de partida en un proyecto nuevo, y le asombrará lo que es capaz de hacer.

REPLANTEE LA SITUACIÓN: un fracaso puede ser el final del camino para su sueño, un signo de que ha sido demasiado ambicioso. O BIEN... un fracaso podría ser una oportunidad para aprender, para demostrarse qué cambios debe realizar en su primer plan antes de volver a empezar. Todos tenemos la opción de dejar que el fracaso nos detenga o de convertirlo en algo que nos ayude a lograr el éxito a largo plazo.

NO HAGA CASO DE LAS CRÍTICAS

«Si va mal, será un desastre absoluto».

Esta forma de razonar recibe el nombre de *catastrofismo*, y del mismo modo que el perfeccionismo, no nos hace ningún bien. Hemos evolucionado para ser reacios al riesgo, pero hoy en día los riesgos a los que nos enfrentamos suelen ser menos mortíferos que el hecho de ser devorados por un tigre de dientes de sable o despeñarnos por un precipicio. Pregúntese: ¿qué es lo peor que le puede ocurrir? Imagínese a sí mismo enfrentándose a ello y luego siga persiguiendo su sueño.

«*Usted no es el tipo de persona que...*».

Quienquiera que se muestre entusiasmado en hablarle sobre sus limitaciones en realidad le estará hablando más de sí mismo. Por tanto, dedique a este tipo de negatividad la cantidad de tiempo que merece: ninguno. Alguien que quiera darle un consejo constructivo lo hará de forma alentadora para guiarle en su camino. Un amigo de verdad no le repetirá una y otra vez «no puedes».

Siempre lo intentaste. Y fallaste. [...] Inténtalo. [...] Falla. [...] Falla mejor.

SAMUEL BECKETT

UN CASO REAL DEL SÍ
J. K. ROWLING

En 1990, mientras viajaba en un tren con retraso, a J. K. Rowling se le ocurrió una historia sobre un niño llamado Harry Potter. Ahora es uno de los libros más vendidos de todos los tiempos, pero entonces era solo una idea que simplemente esperaba ser plasmada. Durante los cinco años siguientes, Rowling perdió a su madre, que estaba enferma de esclerosis múltiple, se separó de su marido y sufrió una depresión, pero a pesar de todos estos contratiempos no dejó de escribir.

Cuando terminó el libro, Rowling recibió doce negativas antes de que un editor accediera a publicarlo. Desde que su primer título vio la luz, en 1997, se han vendido más de quinientos millones de libros de Harry Potter y la historia ha triunfado en el escenario y en la gran pantalla. Rowling apoya a organizaciones benéficas y ha fundado la suya propia, Lumos, que presta auxilio a niños de orfanatos y toma su nombre del hechizo iluminador que aparece en sus libros.

Aparte del éxito que ha cosechado esta saga de J. K. Rowling, lo que demuestra es que si perseveramos cuando surgen dificultades y nunca nos rendimos, al final podemos lograr que suceda algo maravilloso. Así pues, nunca deje de creer en la magia de su actitud asertiva.

El mundo está lleno de cosas maravillosas que aún no has visto. Nunca renuncies a la oportunidad de verlas.

J. K. ROWLING

LABORATORIO DEL SÍ

Y AHORA ES EL MOMENTO DE ALGO TOTALMENTE DISTINTO

———

Si no está seguro de cuál es exactamente su objetivo, o cuál es el «sí» que está buscando, salga de la rutina y pruebe a dar vida a sus ideas y sueños de una nueva forma.

PRUEBE ALGO DISTINTO DURANTE 30 DÍAS: propóngase el reto de hacer algo nuevo cada mes. Puede empezar con aficiones como la repostería o algún tipo de manualidad, o con un hábito saludable, como puede ser dormir ocho horas por la noche. Treinta días es tiempo suficiente para sumergirse en la actividad que haya elegido, pero también le da la oportunidad de experimentar con algo distinto al mes siguiente. Esforzarse una y otra vez para probar cosas distintas le recordará esa visión del mundo que tenía cuando era pequeño, cuando todo lo que experimentaba era revelador y emocionante, y le abrirá la mente a nuevas posibilidades.

VAYA A ALGÚN SITIO NUEVO: los mismos lugares a menudo son la fuente de las mismas clases de ideas. Sin embargo, no debe ir muy lejos para encontrar inspiración; tan solo tome otro camino para ir al trabajo o vaya en otra dirección durante la pausa para el almuerzo. Los filósofos saben desde hace siglos que estar rodeados de árboles y plantas es bueno para el espíritu, por lo que los entornos verdes son también lugares idóneos para estimular su creatividad. Tanto si se encuentra en un barrio distinto, en el parque de una ciudad o en un entorno salvaje, busque las nuevas direcciones que su mente empieza a seguir y disfrute del viaje.

El futuro pertenece
a quienes creen en la
belleza de sus sueños.

ELEANOR ROOSEVELT

SÍ, PERO...

Sus sueños cambiarán a lo largo de su vida, y también lo harán los niveles de confianza y energía que destine en su consecución. Casi todo lo que vale la pena en la vida se logra con esfuerzo, y no todo lo que intente conseguir tendrá éxito. Ahora bien, si mantiene la mente abierta, confía en sí mismo, da pequeños pasos hacia delante y no se reprocha nada cuando vuelva a tropezar, tendrá muchas posibilidades de hacer realidad sus sueños. Tan solo debe seguir trabajando para alcanzar sus objetivos, incluso esos días en que todo parece conjurarse en su contra.

DIGA SÍ A EXPLORAR

Ahora que hemos puesto sus sueños en marcha, es el momento de mirar más allá de los límites de nuestra propia existencia. Viajar no tiene por qué ser sinónimo de una carísima estancia de un año en el extranjero; lo que importa es el espíritu de aventura. En este capítulo abordaremos tres formas de decir «sí» a la exploración mediante microaventuras, búsquedas y excursiones a lo desconocido. En las páginas siguientes se citan algunos de los numerosos beneficios que tiene estampar un «sí» en su pasaporte.

Entender otras culturas:
cuando viaja, encuentra
tradiciones, formas de vestir,
tipos de comida y muchas otras
cosas que son nuevas para usted.
Conocer otra cultura con
más profundidad le ayudará
a entender nuevos modos
de pensar.

Desarrollar el ingenio:
«Las cosas se tuercen» es una
de las leyes universales de los
viajes, y cuando eso ocurra,
no tendrá más remedio que
desenvolverse lo mejor
que pueda en la situación.
Estos momentos de estrés
le ayudarán a encontrar
su fuerza interior.

Entenderse mejor a sí mismo:
cuando se encuentre ante una situación
nueva y extraña, sus emociones
y reacciones serán distintas de aquellas
que experimenta en su vida diaria,
y descubrirá más sobre lo que
le estimula como persona.

Descubrir lo que nos une a todos:
cuanto más viaje, más fácil le resultará
ver que, bajo nuestras diferencias
superficiales, todo el mundo
comparte una misma humanidad,
lidia en las mismas batallas y celebra
idénticas victorias. Este quizá sea
el mejor «sí» que nos ofrece viajar.

LABORATORIO DEL SÍ

ENCUENTRE TIEMPO PARA UNA MICROAVENTURA

————

El término «microaventura» fue acuñado por Alastair Humphreys, un hombre con muchas macroaventuras a sus espaldas, como dar la vuelta al mundo en bicicleta.

Una microaventura es una aventura breve de bajo presupuesto que puede realizar como parte de su vida habitual. Ni siquiera debe pasar la noche en una tienda de campaña. Una vez que empiece a usar su imaginación, existen multitud de actividades que podría intentar hacer en su tiempo libre y que darían rienda suelta a su gusto por la aventura...

VIAJAR A UN PUNTO
DEL MAPA ESCOGIDO
AL AZAR

HACER UNA FOGATA
EN LA PLAYA

DAR UN PASEO
NOCTURNO

RECORRER UNA
RUTA HISTÓRICA

ALQUILAR
UNA BARCAZA

APEARSE DEL TREN
EN UNA PARADA NUEVA
Y ENCONTRAR EL CAMINO
DE VUELTA A CASA

IR A PESCAR
Y LUEGO
CENAR ESAS
CAPTURAS

LABORATORIO DEL SÍ

EMPRENDA
UNA BÚSQUEDA

———

Si se encuentra cerca de su domicilio como en el otro lado del mundo, una forma de convertirse en un auténtico explorador es emprender una búsqueda. Cuando busque una X que indica el lugar, será más observador y estará más involucrado con su entorno que si simplemente estuviera allí de paso.

ACOSTÚMBRESE AL *GEOCACHING*: láncese a una expedición al aire libre y relaciónese con otros exploradores entrando en la comunidad virtual de *geocaching*. Encontrará ubicaciones de «capturas» próximas y lejanas, cada una de las cuales contiene un diario y puede que algunos pequeños y magníficos tesoros que puede guardar o intercambiar.

EXPLORE LA HISTORIA Y LA LEYENDA: descubra qué personajes históricos o míticos están vinculados a la zona que visita. Con un poco de investigación, podría seguir los pasos de un centurión romano o visitar la cueva donde hace mucho tiempo vivió un dragón legendario. Conocer historias del terreno que tiene bajo sus pies enriquecerá su experiencia.

PÓNGASE A PRUEBA CON UNA CAZA DEL TESORO: disponibles en internet o en oficinas de turismo, estos senderos ofrecen una serie de pistas que rastrear, y de este modo aprenderá mucho del lugar que desea explorar mientras viaja. Incluso puede organizar su propia caza del tesoro para un grupo de amigos y poner a prueba las aptitudes de cada uno.

UN CASO REAL DEL SÍ
FELICITY ASTON

Tras finalizar sus estudios universitarios, en 2000, Felicity Aston se fue a la Antártida para trabajar como meteoróloga para la Encuesta Antártica Británica, en la que se ocuparía de supervisar el clima y la capa de ozono. Con tan solo veintitrés años, aceptó el reto de vivir en la parte más fría y remota del planeta durante dos años y medio.

En 2009, Felicity lideró una expedición de siete mujeres procedentes de seis países de la Commonwealth británica en un viaje al polo Sur; era el equipo más numeroso y más internacional compuesto por mujeres que había logrado ese objetivo. Algunas de las participantes nunca habían visto la nieve antes de formar parte de la expedición, y durante el trayecto experimentaron apuros y establecieron fuertes vínculos.

Felicity ha seguido compartiendo su conocimiento y su pasión por la aventura con un sinfín de viajeros y ha sido condecorada con la Medalla Polar británica y nombrada Miembro de la Orden del Imperio Británico (MBE) por sus servicios a las expediciones polares. Su historia demuestra que, cuando decimos «sí» a la aventura, podemos superar nuestros límites considerados normales y acabar compartiendo nuestros éxitos con muchas más personas.

Dio a la gente
el valor para
perseguir sus
sueños y me
sentí realmente
orgullosa de ello.

FELICITY ASTON
EN SU EXPEDICIÓN EN GRUPO
AL POLO SUR

LABORATORIO DEL SÍ

SALGA DE SU ZONA
DE CONFORT

———

Es probable que ya se haya dado cuenta de ello, pero aun así vale la pena decirlo: la vida no siempre se adecua a nuestros planes. Una forma de prepararse para los vaivenes de la vida es intervenir en situaciones que le hagan estar en cierto sentido alerta.

A continuación ofrecemos una lista de cosas que tal vez desee intentar hacer y que lo alejarán de su zona de confort. ¿Por qué no se la juega y ve qué le depara la fortuna?

 Viaje solo, organizando su tiempo como desee y fijando sus propias normas.

 Duerma en algún lugar que se salga de lo común, como, por ejemplo, una yurta.

 Coma algo que nunca haya probado, como *kimchi*, sashimi o larvas de mariposas nocturnas.

 Experimente un clima distinto, desde la tundra nevada hasta la selva ecuatorial.

 Sienta la subida de adrenalina al cruzar un puente de cuerdas, bucear o volar en ala delta.

 Emplee su propia fuerza motora y viaje a pie, en bicicleta o en kayak.

NO HAGA CASO DE LAS CRÍTICAS

*«¿Y qué ocurrirá si voy allí
y no me gusta la comida,
o hay arañas...?».*

Siempre hay un riesgo cuando nos desplazamos
a un lugar nuevo: para cada experiencia fantástica es probable
que encuentre algún inconveniente. Pero todo esto forma parte del
reto que supone viajar. Puede aliviar gran parte de sus temores
a lo desconocido si antes se documenta sobre su destino
y se asegura de que tiene todo lo que necesita. Es fundamental
llevar un botiquín de primeros auxilios, y una almohada cómoda
le ayudará a sentirse como en casa allá adonde vaya.

> **«Pero no hablo el idioma del país...
> ¡No me enteraré de nada!».**
>
> Aprender algunas frases y palabras clave le ayudará
> a sentirse preparado, pero no permita que la falta de fluidez
> sea un obstáculo. Es increíble lo lejos que puede llegar
> con voluntad, una guía de bolsillo y un sinfín de gestos. La gente
> está mucho más predispuesta a comunicarse de lo que imagina,
> y hallar formas de expresarse pondrá a prueba su creatividad
> (y, además, le proporcionará excelentes anécdotas).

Todo lo que necesitas es el plan, el mapa de carreteras y el valor para llegar a tu destino.

EARL NIGHTINGALE

Nuestro destino nunca
es un lugar, sino una nueva
forma de ver las cosas.

HENRY MILLER

SÍ, PERO...

Viajar a lugares exóticos y preciosos es una
de las cosas que, por lo visto, hace todo el mundo
que está en las redes sociales; de hecho, todos
disponemos de una cantidad limitada de tiempo
y dinero, por no hablar de energía. Ahora bien,
estas restricciones no deberían detenernos.
A veces, al pensar «a lo grande», nos olvidamos
de sacar el máximo partido de lo que tenemos
a la vuelta de la esquina. No se trata de cuán lejos
viajamos ni de la frecuencia con que lo hacemos;
en realidad, todos podemos impregnarnos
del espíritu aventurero si sabemos escoger
el momento, tanto si salimos a pasear una tarde
como si hacemos una escapada de fin de semana
o un viaje a un nuevo continente. El mundo es
su ostra, y está esperándole a que lo descubra.

3

DIGA SÍ A APRENDER

Mantener la mente activa y estimularla mejorará su calidad de vida, e incluso puede que sea beneficioso para su salud. Gracias a la adquisición de conocimientos y de nuevas aptitudes puede aumentar de forma significativa su bienestar y felicidad. Se aprende tanto dentro como fuera de las aulas, cuando hablamos con amigos, vemos la televisión, leemos y tratamos de aprender cosas nuevas. Y esto tiene multitud de beneficios increíbles.

AUMENTE LA EMPATÍA:

estudie un área fuera de su experiencia para ampliar la visión que tiene del mundo. Su cerebro se acostumbrará, a base de práctica, a pensar más allá de sus límites habituales, lo que le ayudará a relacionarse con otras personas con orígenes y criterios distintos.

FOMENTE SU TRAYECTORIA PROFESIONAL:

puede adquirir una competencia nueva para promocionarse o incluso cambiar totalmente de carrera, o también puede centrarse en algo que le ayude a destacar en su puesto actual.

FAVOREZCA UN PENSAMIENTO CRÍTICO:

esforzarse por comprender nuevos sistemas y estructuras mejora su capacidad para cuestionar el *statu quo*, e incluso puede que le motive para cambiar a mejor el mundo que le rodea.

MEJORE LA CREATIVIDAD:
desde soplar el vidrio y fabricar
banjos hasta bailar claqué y hablar ruso.
Lo cierto es que puede aprender a hacer
de todo, y cada tema repercutirá en
su lado creativo de formas novedosas
y emocionantes.

BENEFICIE LA SALUD:
aprender puede aumentar
la sensación de bienestar
mental en las personas,
y algunos investigadores
creen que la educación
permanente le ayuda a
mantener el cerebro
joven y activo.

REDUZCA LA ANSIEDAD:
cuando su mente está entregada
a una tarea muy compleja que requiere
toda su atención, puede encontrarse
en un estado de «flujo» en el que
su centro de atención permita
borrar todos sus motivos
de preocupación habituales.

LABORATORIO DEL SÍ

VUELVA A ENCENDER LA LLAMA (POR APRENDER) QUE LLEVA DENTRO

———

En primer lugar, le ayudaremos a decidir qué puede estudiar y cómo puede iniciar su viaje en el aprendizaje.

PRIMER PASO: piense qué es lo que desea aprender. Tome una hoja de papel en blanco y anote sus ideas. Dé rienda suelta a su imaginación y deje que todos sus pensamientos queden plasmados en la página, por muy descabellados que sean.

SEGUNDO PASO: ahora es el momento de elegir qué idea seguirá primero. Tal vez haya un ganador claro, algo que siempre haya deseado hacer. Si no se decide, puede dejar que sea la suerte quien decida simplemente tirando los dados. Otra opción es escoger una idea pensando qué camino le ayudará a lograr sus objetivos más ambiciosos, como el desarrollo profesional o la salud.

TERCER PASO: ¡es la hora de investigar! Averigüe dónde se imparte la materia y reflexione sobre qué escenario prefiere. ¿Desea ir a una clase en grupo o prefiere las clases particulares? ¿Puede seguir un curso por internet?

CUARTO PASO: lo único que necesita hacer ahora es matricularse y prepararse para la primera lección. Si tiene un amigo que desearía aprender con usted, mucho mejor. Tener a un compañero de estudio le ayudará a seguir el curso y podrán compartir ideas e impresiones.

LABORATORIO DEL SÍ

HAGA PREGUNTAS

———

Vaya más allá del «¿cómo está?» y conozca mejor a sus colegas, amistades y familiares. Pregúnteles abiertamente qué es lo que les gusta, cómo se sienten y qué es lo que quieren. Escúcheles y tómese tiempo para reflexionar sobre lo que tienen que decir.

Cada persona es única y tiene unas determinadas cosas que aportar. Así pues, para enriquecer un tema desde distintos puntos de vista, ¿por qué no crea un grupo de estudio informal? Busque una hora para quedar de forma periódica con unos cuantos amigos con los que tenga un interés común, como, por ejemplo, la literatura, el cine, el arte o la naturaleza. No tienen que ser sesiones demasiado estructuradas ni tampoco es necesario que sean expertos. Si deciden hablar sobre una novela o una película famosas, muchas veces podrá buscar preguntas que le orienten en el debate, o tal vez desee formular las suyas propias. También puede anotar sus preguntas y opiniones en cartulinas y luego sacarlas de un sombrero al azar para debatirlas. Se trata de una forma perfecta para fomentar el debate sin tener la sensación de que es el centro de atención.

NO HAGA CASO
DE LAS CRÍTICAS

«¡Ja! ¡Mira que aprender francés, tú! ¡Ooh la la!».

La triste realidad es que, en ocasiones,
cuando damos señales de crecimiento y retos,
otras personas que nos rodean pueden sentirse
amenazadas, ya que temen quedar al margen de todo.
Cuando esto ocurra, lo mejor que puede hacer es
tomar aire y admitir que sí, que está estudiando algo nuevo.
Mantenga la calma, sea discreto y agradable, y luego deje
que la conversación se desarrolle. Sus críticos perderán
fuelle enseguida y su mente estará libre para centrarse
en cosas más importantes, como la nueva aventura
de aprendizaje en la que se ha embarcado.

«Yo no valía para estudiar».

Casi todos sentimos ansiedad al pensar en la escuela. Al fin y al cabo, todos hemos tenido alguna experiencia embarazosa cuando íbamos al colegio, y a nadie le gusta que le devuelvan un ejercicio repleto de color rojo. Aprender de adulto es algo totalmente distinto. Es probable que se encuentre en un grupo mucho más reducido, con compañeros que le apoyan y un profesor agradable. Además, ya no es obligatorio: ha elegido un tema porque le apasiona. Gratifíquese con la oportunidad de disfrutar aprendiendo de nuevo: no se arrepentirá.

Lo que haces hoy puede mejorar todos tus mañanas.

RALPH MARSTON

UN CASO REAL DEL SÍ
MALALA YOUSAFZAI

Malala Yousafzai, que nació en 1997 en el valle de Swat, en Pakistán, se convirtió en una destacada bloguera y defensora de los derechos de las niñas a recibir una educación. En 2012 un talibán le disparó a bocajarro en la cabeza con el propósito de hacerla callar. Sin embargo, no se salió con la suya: tras un doloroso proceso de recuperación, Malala retomó sus campañas con más ímpetu que nunca, e incluso con más apoyo y admiración por parte de la comunidad internacional.

En 2014 Malala fue galardonada con el premio Nobel de la Paz y se convirtió, así, en la persona más joven en conseguirlo, y en otoño de 2017 empezó a estudiar en la Universidad de Oxford. Su organización, la Fundación Malala, opera en zonas donde las niñas tienen menos probabilidades de recibir formación secundaria, y representa una continuación de la valerosa misión que ella inició.

Lo que vivió Malala es mucho más atroz de lo que la mayoría de nosotros experimentaremos jamás, pero su valentía, dignidad y pasión por la educación puede ser fuente de inspiración para todos nosotros.

No hay
un arma más
poderosa que
el conocimiento
ni mayor fuente
de conocimiento
que la palabra
escrita.

MALALA YOUSAFZAI

LABORATORIO DEL SÍ

EL INTERCAMBIO DE CONOCIMIENTO

———

Puede resultar sorprendente, pero una de las mejores formas de aprender es enseñando. Esto se debe a que para enseñar debemos recopilar todo nuestro conocimiento y usarlo de una manera activa; es decir, no se queda encerrado en un cajón, al fondo de nuestro cerebro, sino que se usa, se cuestiona y se debate con alguien que desea entenderlo tan bien como nosotros.

Aunque no sea un profesor titulado, puede practicar impartiendo clases y adquirir una nueva aptitud a la vez mediante un intercambio de enseñanzas. Ya sea en su círculo de amistades o en un tablón de anuncios de su localidad, busque a alguien que tenga una aptitud que pueda enseñarle y a quien usted, a su vez, pueda enseñarle algo. La enseñanza en tándem clásica es con los idiomas. Quede con alguien y pase la mitad de la clase hablando en su lengua y la otra mitad hablando en la lengua de la otra persona. De todos modos, puede ser más creativo y ofrecer una clase de guitarra a cambio de una reparación de su automóvil, o un arreglo floral a cambio de unas prodigiosas fórmulas de hoja de cálculo.

Además de ser una oportunidad para aprender algo nuevo, compartir su conocimiento le ayudará a valorarse a sí mismo y a entender cuánto tiene que ofrecer. Y una vez que haya tomado consciencia de ello, nada podrá detenerlo en su viaje hacia la asertividad.

Lo importante
es no dejar
de hacerse
preguntas.

ALBERT EINSTEIN

SÍ, PERO...

Todos tenemos vidas muy ajetreadas, y puede ser difícil encontrar tiempo y energía para aprender, sobre todo si se trata más de un proyecto «por placer» que de algo que necesite de forma inmediata en su vida. Si sus otras obligaciones, o la necesidad de pasar una tarde en el sofá, le agobian demasiado, no se castigue: no ocurre nada por perder una clase, o incluso decidir que un curso no es apropiado para usted. De todos modos, estas dos cosas le pueden ayudar a mantenerse firme en sus propósitos. En primer lugar, dé un paso atrás y recuérdese a sí mismo cuál era su motivación inicial: centrarse en una meta que le mantuviera activo. En segundo lugar, haga que este aprendizaje forme parte de su rutina habitual en vez de ser algo que trate de encajar en momentos aleatorios. Si sabe que estudia inglés cada martes a las siete de la tarde, es mucho menos probable que lo deje para el día siguiente.

DIGA SÍ A SU TRAYECTORIA PROFESIONAL

Abordar su trayectoria profesional con una actitud asertiva le ayudará a alcanzar el éxito. Cuando pensamos en el trabajo, suelen surgir comentarios negativos: «Ya es demasiado tarde para reciclarme» o «Ya soy demasiado mayor para cambiar de profesión», entre otros. Lo cierto es que nunca es demasiado tarde para insuflar aires renovados a su profesión, o bien hacer una pausa y probar algo totalmente distinto.

Si ha perdido la motivación y necesita un cambio, pregúntese con franqueza dónde le gustaría estar y qué le apetecería hacer. Una vez que haya percibido su meta en su imaginación, considere cómo puede alcanzarla. Puede que no sea fácil, pero casi con seguridad será posible.

En el presente capítulo encontrará ideas y técnicas que le ayudarán a aprovechar al máximo el tiempo que dedica al trabajo y a ampliar sus horizontes profesionales.

Encuentra lo que más
te gusta hacer y consigue
que alguien te pague
por hacerlo.

KATHARINE WHITEHORN

LABORATORIO DEL SÍ

CONTROLE LAS DISTRACCIONES

———

Para muchos de nosotros, el mayor obstáculo de nuestro avance en el ámbito profesional es la distracción. A continuación le proporcionamos algunos consejos para ayudarle a desterrar este mal hábito.

EMPIECE CON UNA TAREA ACTIVA: puede ser una tentación echar un vistazo a los correos electrónicos antes de nada, pero si empieza a reaccionar ante las necesidades de la gente estará relegando sus objetivos a un segundo plano antes de que la primera taza de café se haya enfriado. Llegará más lejos si antepone sus proyectos a su correo.

JUEGUE CON LOS PUNTOS FUERTES DE SU RITMO BIOLÓGICO: algunas personas rinden más por la mañana, mientras que otras no se activan hasta más tarde. Si no está seguro de cuál es su mejor momento del día, anote en un diario sus fluctuaciones energéticas durante unos cuantos días. Planifique el trabajo que le exija más concentración en los espacios de tiempo que sean más productivos para usted.

ELIMINE LAS DISTRACCIONES: retire todos los aparatos tecnológicos que no sean necesarios (un cajón o una bolsa son ideales para ello). Cuando no esté al corriente de todas esas cosas tan fascinantes que ocurren en internet, podrá avanzar en su trabajo.

GRATIFÍQUESE: cuando le tiente alguna distracción, recuerde algo que haya reservado para el final de la jornada. Podría ser, por ejemplo, una taza de té.

LABORATORIO DEL SÍ

CONSTRUYA SU PROPIO TRABAJO EN LA RED

———

Trabajar en la red es una aptitud muy útil que aprender: podría hallar un nuevo cliente, conocer algo novedoso que podría implantar en su departamento o incluso conseguir un nuevo puesto de trabajo. No tiene nada que perder y sí mucho que ganar.

TRABAJO INTERNO EN RED: saque el máximo partido a todos los contactos de que disponga en su puesto de trabajo. Podría quedar para comer con un superior suyo que tal vez le haga de tutor, o citarse con un homólogo de otro departamento para conocer otro ámbito de su sector. Cuanto más se aleje de sus contactos habituales y amplíe su campo visual, más puertas se le abrirán.

TRABAJO EN RED EN EL SECTOR: con un poco de investigación, puede encontrar varios actos donde se reúna la gente de su sector, desde congresos oficiales hasta encuentros informales en algún bar. Intente contactar con ellos antes a través de Twitter para crear un enlace que pueda seguir personalmente durante el acto en cuestión. Hacerse visible es una forma estupenda de encontrar nuevas oportunidades.

CÍRCULO DE APOYO: organice una sesión mensual con sus amistades con el objetivo de hablar de las preocupaciones y los éxitos relacionados con su trabajo, encontrar soluciones mediante una lluvia de ideas y proponer nuevas pautas interesantes. Puede ser duro hacer valer sus propios sueños, pero una de las características de la amistad es apoyarnos unos a otros.

NO HAGA CASO
DE LAS CRÍTICAS

*«Trabajar en la red es una
pérdida de tiempo».*

Es importante recordar que la gente da trabajo
a la gente. El trabajo en red solamente no es
productivo cuando no conservamos los contactos
que hemos hecho, por lo que asegúrese de que no
los pierde y prepárese para dejarse sorprender
por nuevas oportunidades.

«Es que no soporto los eventos del trabajo en red. Nunca sé qué decir».

La forma más sencilla de entablar una relación con alguien es ofrecerse a ayudarlo. Si antes de pedir nada a cambio ofrece, la persona con la que intenta establecer un vínculo mostrará interés por usted. Si no se ve con ánimo de hablar con el director ejecutivo, hable con alguien que crea que está haciendo méritos para convertirse en una persona muy influyente en el futuro. Tenga por seguro que le espera al menos una conversación muy interesante.

En el mundo se trata de conocer a gente a través de otra gente.

ROBERT KERRIGAN

UN CASO REAL DEL SÍ
NATE MARTIN

Las *escape rooms*, unos espacios cerrados en que unos grupos de amigos trabajan en equipo para resolver unas pistas enrevesadas, son en la actualidad una forma de diversión muy popular. En 2013 las *escape rooms* ya eran conocidas en Europa y Asia, pero no en Estados Unidos. Nate Martin, un antiguo ingeniero de software de Microsoft y Electronic Arts, vio una oportunidad y la tomó con ambas manos. Él y su socia, Lindsay Morse, fundaron Puzzle Break, para el que contó con una inversión inicial de tan solo 7 000 dólares (financiada con los ahorros de Nate). Arriesgarse valió la pena: el éxito de la empresa fue rápidamente de boca en boca, y en 2016 sus ingresos superaron el millón de dólares. Además de abrir centros en varias localidades por todo Estados Unidos, Nate creó *escape rooms* en una flota de cruceros.

¿Cuál es la moraleja de la historia? Esta: si ve una oportunidad, confíe en su intuición y prepárese para zambullirse en una nueva y apasionante experiencia. Si está dispuesto a ganar, le asombrará lo lejos que puede llegar en su trayectoria profesional y también en los otros ámbitos de su vida.

No hay ninguna razón
por la que no puedas
empezar con poco,
meter la punta
del pie en el agua y,
simplemente, hacerlo.

NATE MARTIN

LABORATORIO DEL SÍ

NEGOCIE EL CAMINO HACIA EL ÉXITO

———

Negociar no es del dominio exclusivo de los magnates de los negocios, sino que es algo que todo el mundo hace, tanto si defendemos los intereses de la organización donde trabajamos como si pedimos un aumento de sueldo. Estos consejos le ayudarán a alcanzar un resultado exitoso y encontrar un sí en su próxima negociación que beneficie a ambas partes.

MANTENGA LA CALMA: recuérdese a sí mismo que se trata de una conversación entre iguales: usted tiene algo que ofrecer y también merece que lo escuchen. Céntrese en un resultado positivo y respire hondo varias veces.

BUSQUE EL BENEFICIO MUTUO: si pide algo, aporte pruebas de que lo merece. Después luche por un resultado que reporte ventajas a ambos, y, así, al finalizar la conversación tendrán la sensación de que han salido ganadores.

PREPÁRESE PARA EL COMPROMISO: inicie la conversación con un plan B para otros resultados positivos. Si ahora no le pueden aumentar el sueldo, por ejemplo, puede acordar una fecha para volver a evaluar la situación, o bien solicitar un curso de formación o un cambio de puesto de trabajo.

MANTENGA VIVA LA CONVERSACIÓN: finalmente, si en esta ocasión no obtiene lo que desea, no se desanime: finalice la conversación de forma amigable y acuerde volver a abordar el tema más adelante. La perseverancia y la asertividad le llevarán muy lejos.

Nunca es demasiado tarde para ser quien podrías haber sido.

GEORGE ELIOT

SÍ, PERO...

En nuestras carreras profesionales a menudo
está implicado un equilibrio de esperanzas
y necesidades, y no siempre es posible conseguir
el trabajo de sus sueños. Y, por supuesto,
a veces lo único que importa es tener trabajo,
con independencia de cuál sea. Tenga muy
claro que, dondequiera que se encuentre ahora,
está en su mano hacer que su profesión sea
más gratificante. Eso podría significar encontrar
nuevas formas para que se sienta más realizado
en su trabajo, para lograr un ascenso o para
adquirir una experiencia que le ayude a ocupar
un puesto totalmente distinto. Reconozca cuáles
son sus puntos fuertes y busque oportunidades
que le ayuden a crecer, y si sabe aprovechar
el potencial de su red de apoyo, tendrá muchas
probabilidades de forjarse una carrera que
le satisfaga y de la que pueda vivir.

5

DIGA SÍ A LAS RELACIONES SALUDABLES

Casi todo lo que hacemos en la vida está influenciado por nuestras relaciones: vivimos en una red de lazos interconectados, y cada uno de nosotros desempeña varios papeles en las vidas de distintas personas a la vez. Las relaciones humanas nos aportan alegría y energía, y se ha demostrado que la soledad es tan perjudicial para la salud como una enfermedad crónica.

Sin embargo, como sabemos, las relaciones también suponen muchos retos, y puede resultar extremadamente difícil pensar en ellas con serenidad, puesto que afectan a nuestros sentimientos más básicos, como el deseo, los celos y el temor al rechazo. No obstante, lo que podemos hacer es dedicar tiempo a nuestras relaciones y ejercitar estrategias que ayuden a que prosperen. En este capítulo nos centraremos en cómo hacer que una amistad sea sólida, en cómo mantener vivas las relaciones y en cómo comprometerse, lo que le dará libertad para fortalecer aún más sus vínculos.

Uno no se enamora
o desenamora.
Uno crece en el amor.

LEO BUSCAGLIA

LABORATORIO DEL SÍ

LOS BUENOS AMIGOS QUIEREN QUE CREZCAS

———

El deseo mutuo de ver triunfar al otro es un cimiento importante para una buena amistad.

Nos ejercitamos constantemente en el pensamiento competitivo cuando somos jóvenes, junto con nuestros hermanos y compañeros de clase. Siempre hay un juego en el que podemos ganar o perder, un concurso en el que podemos quedar primeros o últimos, un examen que podemos aprobar o suspender. Sin embargo, el pensamiento competitivo no nos lleva muy lejos en el terreno personal, y a veces necesitamos recordarnos a nosotros mismos que debemos festejar los éxitos de los demás.

Pruebe a poner en práctica estas ideas y observe que, como resultado, sus relaciones salen fortalecidas.

- APOYE LAS ASPIRACIONES DE LOS DEMÁS

- ELOGIE LOS ÉXITOS DE LOS DEMÁS

- ANÍMENSE UNOS A OTROS A VOLAR ALTO

- CONSIDERE A LAS PERSONAS QUE HAN TRIUNFADO COMO POSIBLES ALIADOS Y NO RIVALES

- COMPARTAN UNOS CON OTROS RECURSOS, CONSEJOS Y CONOCIMIENTOS

LABORATORIO DEL SÍ

NO SE ESTANQUE

————

Con las presiones que hay en la vida, a veces podemos dejar que nuestras amistades y relaciones amorosas pierdan su viveza y se vuelvan en cierto sentido rutinarias. Podemos mantener la chispa si seguimos estos sencillos pasos:

SEA ESPONTÁNEO: ¿recuerda cuando conoció a su pareja o a un amigo íntimo? No disponía de ninguna información sobre él ni de ninguna expectativa preestablecida sobre su persona. Recupere una parte de esta magia del principio proponiendo nuevas ideas y actividades que puedan hacer juntos.

SEA USTED MISMO: debemos fingir que somos más maduros y más ingeniosos de lo que realmente somos durante gran parte del tiempo. Cuando esté con sus seres queridos, es el momento de bajar la guardia y expresar con franqueza cuáles son sus esperanzas y miedos.

DIALOGUEN: ahora disponemos de infinidad de formas de conectarnos, los correos electrónicos y los tuits son solo dos ejemplos. Sin embargo, no hay nada que supere una conversación de verdad. Un «Estoy bien» en la pantalla puede resultar un «No estoy muy bien» cuando se llama por teléfono, y estas conversaciones son las que merecen nuestras amistades.

ESFUÉRCESE: tal vez haya algo que desee cambiar sobre su relación; puede que no haya suficiente comunicación o que uno de ustedes siempre cancele los planes que han hecho para ambos. Sacar un tema con tacto en lugar de intentar ignorarlo evitará que usted y la otra persona se distancien.

NO HAGA CASO DE LAS CRÍTICAS

«Siempre vamos a los mismos sitios. Creerán que soy un bicho raro si propongo algo nuevo».

Es probable que tanto su pareja como sus amistades también estén ansiosos por probar algo nuevo. Si mostramos iniciativa, les damos permiso para que expongan sus originales propuestas, y experimentar cosas nuevas juntos generará recuerdos que los mantendrá unidos durante los años venideros.

> *«Prefiero cerrar los ojos*
> *ante un problema.*
> *No soporto los conflictos».*

Abordar un tema puede ser complejo, porque le importan mucho los sentimientos de la otra persona y porque teme la continuidad de su relación pese al problema. Si cree que evita tratar alguna cuestión difícil, simplemente considere de qué modo su vínculo se verá afectado si no la trata. Sea valiente y mantenga la conversación que necesita con una mente abierta.

Un amigo de verdad es el bien más preciado.

BENJAMIN FRANKLIN

UN CASO REAL DEL SÍ

DAN SAVAGE

En 1991 Dan Savage trabajaba como gerente de un videoclub de Madison, en Wisconsin, cuando un amigo suyo le mencionó que se trasladaba a Seattle para fundar el periódico *The Stranger*. Dan dijo que necesitaba una sección de consejos, y rápidamente fue nombrado el columnista principal de dicha sección.

Desde entonces, Dan ha escrito la columna de consejos semanal de *The Stranger*, y en 2006 creó *Savage Lovecast*, un pódcast en el que responde a los dilemas de sus oyentes. En 2010, en respuesta al suicidio de un chico de quince años que había sido víctima de acoso escolar por su orientación sexual, Dan fundó el proyecto It Gets Better. En él los adultos aportan vídeos caseros en los que animan y apoyan a los jóvenes de la comunidad LGBT.

Al ofrecer un foro en el que la gente puede formular preguntas sin riesgos sobre sus mayores preocupaciones, en el que no está prohibido ningún tema, Dan Savage ha dado un «sí» muy potente a miles (o millones) de relaciones.

Vive una vida
que valga la
pena vivir, una
en la que hagas
lo que quieras
hacer, lucha
por lo que
te apasiona.

DAN SAVAGE

LABORATORIO DEL SÍ

ABRACE EL ARTE
DEL COMPROMISO

———

Nuestras relaciones se construyen a partir de las cosas que tenemos en común, pero incluso los mejores amigos o las parejas más compatibles experimentarán desacuerdos de vez en cuando. Estos consejos le ayudarán a sacar partido de estos momentos para fortalecer sus lazos.

ESCUCHE: en lugar de avasallar a la otra persona con sus opiniones, dedique un tiempo a escuchar sus experiencias y muestre en sus respuestas que le ha escuchado y ha entendido lo que tiene que decirle.

BUSQUE SOLUCIONES: si queremos avanzar, debemos centrarnos en cómo cambiar las cosas en el futuro en vez de recrearnos en lo que ha ido mal en el pasado. Hable sobre los pasos positivos que ambos podrían dar para mejorar las cosas.

MUESTRE AGRADECIMIENTO: cuando un amigo o su pareja cambie su comportamiento para mejorar la relación, muéstrele que valora el esfuerzo que ha realizado. Bastará con un «gracias» o una tarjeta para demostrarle lo mucho que se lo agradece.

ADOPTE UNA ACTITUD ABIERTA ANTE EL CAMBIO: a veces la solución al problema puede radicar en cambiar algo que aportó a la relación. Muéstrese predispuesto a lo que puede hacer en lugar de esperar que la otra persona se adapte a sus necesidades.

DIGA SÍ A LAS RELACIONES SALUDABLES

Rodéate solo
de personas que
vayan a llevarte
a lo más alto.

OPRAH WINFREY

SÍ, PERO...

Del mismo modo que las relaciones nos aportan las mayores alegrías en la vida, también nos pueden proporcionar algunas de las experiencias más dolorosas. A veces, por mucho que se esfuerce, las relaciones terminan de un modo irremediable. Cuando esto ocurra, mímese y prodíguese todo el tiempo y los cuidados que necesite para recuperarse. No tiene que cambiar por completo para conservar una amistad o tener a su pareja contenta, pero si advierte que adopta una postura demasiado rígida ante las dificultades de pareja, trate de ver la situación con la máxima amplitud de miras y asertividad como sea posible. Puede que sea simplemente esta la actitud que debe adoptar para volver a encauzar la relación.

DIGA SÍ A QUERERSE A SÍ MISMO

Gracias a las revistas, a la televisión y a las redes sociales, estamos bombardeados con imágenes de la perfección una y otra vez, y es muy fácil compararnos con ellas. La próxima vez que critique su aspecto, deténgase un instante y tome aire. No le diría algo tan perverso a un amigo; entonces, ¿por qué no es más agradable consigo mismo?

Ahora veremos cómo podemos querer a nuestros cuerpos tal como son, a disfrutar de lo que podemos alcanzar con ellos y a salir al mundo con nuestro estilo propio y único.

LABORATORIO DEL SÍ

APRENDA A QUERER A SU REFLEJO

Dé a su cuerpo el enorme empujón de asertividad que merece con este ejercicio tan sencillo. Puede que se sienta un poco extraño al principio, pero no tire la toalla. ¡Seguro que notará los beneficios!

- Cuando disponga de un poco de tiempo para dedicarse a sí mismo, colóquese frente a un espejo. Puede estar vestido o desnudo, lo que le resulte más cómodo.

- En primer lugar, examínese despacio de pies a cabeza. Céntrese en cada parte de su cuerpo y piense en lo que le permite hacer y o no su aspecto. Puede que adopte una actitud crítica; si esto ocurre, vuelva a centrar su atención en el ejercicio.

- El siguiente paso de la actividad es mirar de nuevo, pero esta vez nombre las cosas de usted que le encanten. Puede ser su sonrisa, un hoyuelo, la curva de una cadera, lo que sea. Busque cinco cosas que le gusten y anótelas en una libreta para tenerlas presentes siempre que necesite que le levanten el ánimo.

Cuando libere una parte del espacio cerebral que utilizaba para criticar su cuerpo, tendrá todavía más energía para empezar a decir «sí» a otras partes interesantes de su vida.

UN CASO REAL DEL SÍ
CELESTE BARBER

La humorista australiana Celeste Barber solía enviar fotografías divertidas a su hermana en las que parodiaba las poses que adoptaban modelos famosas en sus sesiones para publicidad. Cuando empezó a colgar estas imágenes en su cuenta de Instagram, la respuesta fue clamorosa, y ahora tiene más de tres millones de seguidores. En cada foto o vídeo, Barber copia la ropa o las poses de las celebridades, con lo que demuestra lo ridículos e inalcanzables que son sus cánones de belleza para casi todos nosotros, y al hacerlo se ríe de ella misma y de ellas.

Aunque Barber se considera más una artista que una activista, el desenfado y el humor que transmiten sus fotografías son realmente brutales, y una visita a su material de Instagram siempre le animará y le preparará para afrontar el día sin importarle lo que piense la gente de su aspecto.

Nunca me ha importado realmente mi aspecto... Siempre he trabajado lo que hay dentro, mi persona.

CELESTE BARBER

LABORATORIO DEL SÍ

ADOPTE EL HÁBITO DE HACER EJERCICIO

———

Además de aportarnos muchos beneficios para la salud física, el ejercicio estimula nuestra mente, ya que hace que estemos más felices y relajados. Sin embargo, la vida moderna nos lo pone fácil para que estemos sentados: muchos trabajos requieren que permanezcamos sentados ante la mesa durante horas, y una de nuestras principales fuentes de diversión a menudo es el sofá. La mayoría de nosotros deberíamos movernos más. El reto es empezar.

ENCUENTRE SU PORQUÉ: todos tenemos distintas motivaciones para hacer ejercicio. ¿Quiere sentirse en mejor forma física y más fuerte? ¿Desea aceptar un reto o aprender una nueva aptitud? Medítelo seriamente, identifique su objetivo y recuérdese con frecuencia qué es lo que quiere.

ELIMINE SUS OBSTÁCULOS: cuanto más difícil o poco práctica es una actividad, menos probabilidades tiene de seguir haciéndola. Su propósito debe ser tener el mínimo de barreras posibles entre usted y su vida activa con ejercicios. Elija un lugar al que sea fácil ir, lleve ropa de deporte con la que se sienta cómodo y prepare la bolsa de deporte antes de acostarse en lugar de hacerlo con prisa por la mañana.

CELEBRE SUS LOGROS: compruebe su progreso. Es fácil olvidar lo lejos que ha llegado desde esa primera clase de zumba en la que la falta de coordinación brillaba por su ausencia o desde ese kilómetro que corrió y que casi le hace perder el conocimiento. Así pues, concédase tiempo para darse una palmadita en la espalda por sus logros.

NO HAGA CASO DE LAS CRÍTICAS

*«Hacer ejercicio cuesta.
No es para mí».*

La clave es empezar al ritmo que más le convenga
y escoger una actividad que le parezca divertida.
Si le gusta conocer gente nueva, en una clase se lo pasará
bien; si prefiere encontrarse consigo mismo, una actividad
en solitario será más de su agrado. Tanto si decide andar
como bailar o hacer boxeo (o algo por completo distinto),
hay un tipo de ejercicio que hará que su cuerpo se mueva
y le levantará el ánimo. Esté dispuesto a probar algo fuera
de su zona de confort, pero déjese guiar por quien
es usted para hallar su camino apropiado.

*«No puedo ir al gimnasio
o a clase. Todo el mundo
me mirará».*

Lo cierto es que el resto de la gente piensa
en cómo lo hará ella, por lo que no estará tan pendiente
de usted como cree. Tome consciencia de que usted
no es el centro de todas las miradas y concéntrese
en lo que hace y no en el aspecto que tiene.

Cuida tu cuerpo. Es el único lugar que tienes para vivir.

JIM ROHN

LABORATORIO DEL SÍ

CREE SU PROPIO ESTILO

———

Nos expresamos a través de la ropa, y lo que llevamos puede ejercer una influencia determinante en nuestros niveles de confianza. No tiene que ser un experto en moda para hallar un estilo que le haga sentir positivo e inspirado.

CONCÉNTRESE EN SUS OBJETIVOS:

cuando se imagina con un nuevo *look*, ¿dónde está? ¿Ha dejado a toda la sala de juntas patitiesa o lo luce en medio de la pista de baile? Reflexione sobre sus aspiraciones y tome las decisiones sobre el vestuario a partir de estas.

BUSQUE ROPA QUE LE QUEDE BIEN:

comprar ropa que «pronto le irá bien» o que es más o menos cómoda casi nunca funciona. Pruebe una talla o un patrón que realmente sea el apropiado para su cuerpo y destilará estilo por los cuatro costados

ATRÉVASE: es fácil no jugársela y comprar una y otra vez los mismos patrones y colores, pero puede ser un poco monótono. Permítase ser divertido y pruebe esa camisa estampada que tanto le gustaba, o esas botas con los cordones de los colores del arcoíris.

Cree en ti mismo.
Si no, finge, y en
algún momento
ya no será necesario
fingir.

VENUS WILLIAMS

SÍ, PERO...

Por mucho que elaboremos o elogiemos las formas que cada uno de nosotros tiene de presentarse al mundo, lo cierto es que siempre hay algún día en que nos queda mal el pelo. O en que nos falla la confianza en nuestro cuerpo. O en que tenemos una cara realmente espantosa. Y no ocurre nada. Tan solo recuerde que, con independencia de lo que no le guste de usted, es algo que otras personas apenas notan, si es que se dan cuenta. ¿Y qué hay de esas personas «perfectas», las que tienen unos cuerpos y rostros simétricos y perfectos? Si les pregunta, le dirán que su nariz les parece demasiado larga, que tienen los muslos demasiado fofos y las cejas demasiado desiguales. ¿No seríamos todos más libres para disfrutar de la vida si aceptáramos que no hay ninguna necesidad de ser perfectos? Así pues, ¿por qué no empezar hoy?

7

DIGA SÍ
A UNA CASA
QUE PARECE
UN HOGAR

Tanto si vive en una mansión como en un piso, existe multitud de formas de convertir su hogar en un lugar enriquecedor y reconfortante. Aunque no disponga de demasiado presupuesto ni de espacio, puede ser ambicioso en lo que se refiere a crear su lugar ideal.

Las ideas que encontrará en este capítulo le ayudarán a liberarse de objetos inútiles, a organizar su vida y a convertir su casa en un punto de partida para lanzarse al mundo con un «sí» cargado de energía.

LABORATORIO DEL SÍ

PONGA ORDEN

Puede resultar costoso deshacerse de sus preciados cachivaches, aunque sabemos que nuestros hogares transmitirían más paz sin ellos. Intente reservarse un día sin ninguna otra obligación que no sea despojarse de todas aquellas cosas que guarda a pesar de que sabe que no las va a necesitar nunca más.

ROPA: eche un vistazo a su armario y pregúntese con franqueza cuándo fue la última vez que llevó cada prenda y si es probable que se la vuelva a poner. Si averigua que no ha llevado la mitad de su vestuario en el último año, ello significa, sin duda, que debe deshacerse de él. Considere la opción de intercambiar estas prendas con amigos, venderlas en internet o donarlas a alguna tienda con fines benéficos, donde pueden suponer una pequeña alegría en la vida de alguien.

UTENSILIOS DE COCINA: ¿es su cocina un santuario de tarros de especias caducadas y de botellas de licores sospechosos procedentes de lugares exóticos? ¿Los cajones de su cocina contienen menaje que nunca usa? Si la respuesta a estas preguntas es sí, comprobará que al librarse de todos estos objetos innecesarios le resultará más fácil encontrar las cosas que sí precisa.

PAPELES: tómese su tiempo para revisar los montones de papeles viejos; tire todo aquello que ya no sirva y archive lo que es preciso guardar. De este modo, si su mesa o lugar de trabajo está ordenado, le será más fácil organizarse y centrarse en los temas que le ocupan.

LABORATORIO DEL SÍ

ORGANÍCESE

———

Algunos de nosotros somos casi unos maniáticos de la limpieza, mientras que otros convivimos sin problemas con varios grados de desorden. Sea cual sea su percepción de la limpieza y el orden, estos consejos sobre cómo organizar su vida hogareña le resultarán de utilidad.

PRIORICE: existen multitud de cosas que puede hacer para que su hogar esté impoluto, como, por ejemplo, tirar la basura o limpiar el polvo de las estanterías. Ahora bien, no todas las tareas son necesarias, y si tiene un trabajo y otros compromisos, es probable que no disponga de tiempo suficiente para abarcar todo. Decida qué tareas son prioritarias (como, por ejemplo, fregar los platos una vez al día) y cuáles son secundarias (como planchar los tejanos).

GUARDE CON UN SENTIDO: una forma muy sencilla de tener la casa ordenada es disponer de mucho espacio para guardar cosas; de este modo lo tendrá todo en su sitio. Además de armarios empotrados y cómodas, considere la posibilidad de conseguir cajas para colocarlas debajo de las camas, un baúl que se transforme en una mesa de centro y una caja para guardar cargadores —que así no colgarán hasta el suelo.

HAGA QUE SU VIDA SEA MÁS FÁCIL: si es más eficiente en su vida, le resultará más fácil organizarse. Por ejemplo, en cuanto regrese del gimnasio deje preparada la bolsa para la próxima vez. Si tiene la aspiradora a mano en lugar de estar oculta bajo un montón de hamacas viejas, es mucho más probable que la utilice.

NO HAGA CASO
DE LAS CRÍTICAS

«Es que soy desordenado
por naturaleza».

Si debe poner la casa patas arriba cuando
busca su pasaporte o si siempre se queda
sin calcetines limpios, es probable que le resulte
más fácil y menos estresante vivir con al menos
una dosis moderada de organización una vez
por semana. Incorpore a su rutina un sistema
que le funcione. Tal vez prefiera empezar el fin
de semana con una limpieza a fondo, o puede
que un sistema de «menos y más a menudo»
sea más de su estilo.

> *«No importa la frecuencia con la que limpie, mi familia lo vuelve a dejar todo revuelto enseguida. No le veo el sentido».*

Todos hemos pasado por esto. Es posible que no pueda cambiar de la noche a la mañana el comportamiento de las personas que conviven con usted, pero una estrategia es involucrarlas en los diversos procesos que implica llevar una casa; de este modo todo el mundo desempeña una función y se siente orgulloso de sus logros. Pueden distribuirse las tareas o bien convertir la limpieza en una actividad que hacen juntos durante media hora cada fin de semana. Para su salud, delegue responsabilidades entre todos los que comparten su espacio.

Un buen orden es el fundamento de todas las cosas.

EDMUND BURKE

UN CASO REAL DEL SÍ
MARIANNE CUSATO

A Marianne Cusato, diseñadora, escritora y conferenciante de arquitectura, siempre le habían apasionado las viviendas de precio asequible, y cuando el huracán Katrina devastó la costa del golfo del Misisipi en 2005, tuvo la oportunidad de hacer valer sus aptitudes para ayudar realmente a las personas que necesitaban reconstruir sus vidas. Diseñó una casa diminuta con una superficie construida de tan solo 28 m², que podía erigirse con rapidez, pero que a la vez recordaba a las viviendas tradicionales de la región, en lugar de ser inexpresiva e impersonal. Sus diseños para la Casa Katrina inspiraron a otros arquitectos, y al cabo de poco tiempo en toda la región asolada por el huracán se ofrecieron varios tipos de casas pequeñas aunque acogedoras a aquellas personas que lo habían perdido todo.

La historia de Marianne nos recuerda el enorme valor que tiene disponer de una vivienda segura y confortable, y cuán importante es decir «sí» cuando se nos presenta una oportunidad para cambiar algo en la vida de la gente.

La comunidad
será más rica
si aceptamos que
somos diferentes
y creamos
oportunidades
para todos.

MARIANNE CUSATO

LABORATORIO DEL SÍ

BOCADOS DE FELICIDAD

———

Si no dispone de tiempo ni de dinero para realizar una reforma completa, no se preocupe: hay muchas formas económicas y sencillas de hacer que su hogar sea un lugar más acogedor y relajante.

APORTE FELICIDAD CON UN TOQUE VERDE: ya sea un cactus o una jardinera de ventana llena de hierbas, colocar plantas en su entorno purificará el aire que respira al reciclar el dióxido de carbono, y, además, tendrá algo bonito que cuidar.

RODÉESE DE COSAS QUE LE HAGAN SONREÍR: los recuerdos de las vacaciones, los regalos que le hayan hecho los seres queridos y las fotos le recordarán los buenos momentos y bonitos lugares que ha visitado. Puede tener a sus favoritos siempre a la vista y cambiar algunos durante el año para conservar el aire renovado de su exposición.

JUEGUE CON LA LUZ: para evitar el desgaste visual que supone la iluminación de techo, pruebe otras formas de iluminar su espacio, como luces de colores, lámparas de mesa, lámparas de pie y bombillas de luz natural.

INVITE A AMIGOS: por muy pequeña que sea su vivienda, tener amigos con quien sentarse a la mesa y compartir buenos momentos llenará su espacio de felicidad.

Nuestra vida
se desperdicia
en los detalles.
Simplifica, simplifica.

HENRY DAVID THOREAU

SÍ, PERO...

A menos que tengamos una enorme fortuna (*fortuna* en el sentido de riqueza), siempre tendremos limitaciones para crear una casa de ensueño. El coste que supone alquilar o comprar una casa puede ser tan elevado que acabamos viviendo en un lugar que no se ajusta a nuestras expectativas. Sin embargo, la idea de que solo podremos crear nuestra casa ideal en el futuro, cuando dispongamos de más tiempo y más dinero para reformarla o bien trasladarnos, puede impedir que llevemos a cabo pequeñas mejoras que suponen un gran cambio respecto del lugar donde ahora vivimos. Normalmente podemos hacer algo para sentirnos más cómodos, ya sea reordenar nuestras pertenencias, desprendernos de cosas que no necesitamos o redecorar nuestro entorno con unos cojines de colores alegres.

Es más fácil decir «sí» a la vida cuando su hogar está organizado y es cómodo. Por tanto, vale la pena intentarlo.

8

DIGA SÍ A DESCANSAR Y A CARGAR LAS PILAS

Todos los cohetes necesitan combustible, y todas las fábricas precisan una fuente de energía. Nosotros funcionamos del mismo modo: cada noche debemos recuperar todas nuestras energías para aprovechar cada día al máximo.

La mayoría de los adultos necesita entre siete y nueve horas de sueño cada día, aunque esta cantidad varía de una persona a otra, y usted sabrá qué es lo que más le conviene. No solo durante la noche puede restablecer sus niveles de energía; a continuación le indicamos algunos modos de integrar momentos de pausa y reinicio en su día a día.

MAÑANA

Para empezar, desperécese
y beba un poco de agua. Concédase
al menos quince minutos
(más si es posible) antes de coger
el móvil. Piense qué desea
lograr hoy.

HORA DE
ACOSTARSE

Tómese un tiempo para relajarse
antes de acostarse y establezca
una rutina para que su cuerpo sepa
cuándo es el momento de detenerse
y prepararse para la noche.

DURANTE EL DÍA

Realice algún tipo de actividad física durante el día. Si puede recorrer a pie o en bicicleta una parte del trayecto hasta su lugar de trabajo, llegará lleno de energía. Haga pequeñas pausas durante la jornada laboral, si es posible cada hora. Un simple paseo reactivará su circulación.

NOCHE

Desconecte de su trabajo y procure que su hogar sea un lugar de descanso y diversión. Si tiene que trabajar, trate de hacerlo sin interrupciones, para luego poder volver a centrarse en usted y en las personas que le rodean.

LABORATORIO DEL SÍ

DESCONECTE

———

La mayoría de nosotros estamos siempre pegados a nuestros móviles. Olvidar hasta qué punto separarnos físicamente de nuestros aparatos puede reducir la ansiedad de forma significativa y abrir la puerta a muchos más momentos enriquecedores y memorables.

No tiene por qué romper por completo con la tecnología. Se trata más bien de encontrar el equilibrio, y existe multitud de razones de peso para darse la oportunidad de desconectar con cierta frecuencia de su vida digital.

LIBÉRESE DE LAS EMOCIONES NEGATIVAS: visualizar un sinfín de los «mejores momentos» de nuestros amigos puede hacer que sintamos que no estamos a la altura, por lo que alejarse de las redes sociales es un modo excelente de recuperar nuestra autoestima.

SEA MÁS CREATIVO: estar pegado a una pantalla le convierte en un consumidor, mientras que al desconectar tiene la oportunidad de transformarse en una persona dinámica e imaginativa. Si deja a un lado la pantalla, dispondrá de más tiempo para trabajar en sus propios proyectos creativos.

VIVA SUS PROPIOS SUEÑOS: el llamado FOMO, que es el miedo a perderse algo, suele acecharnos cuando vemos qué hacen todos nuestros conocidos. Para centrarnos en nuestras propias vidas y encontrar nuestra meta, nos será útil desprendernos de nuestros aparatos tecnológicos durante un buen rato.

LABORATORIO DEL SÍ

FIJE UNA FECHA CON ATENCIÓN PLENA

———

Actualmente la distracción es una forma de vida para muchas personas: comemos mientras trabajamos, actualizamos el Facebook mientras vemos la televisión y leemos correos electrónicos al mismo tiempo que nos ponemos en forma en el gimnasio.

Estar siempre con la atención dividida puede dejarnos agotados y hacer que nos alejemos de nuestro verdadero yo. Una forma de volver a fijar la atención en una sola cosa y de recuperar la calma y la capacidad para lograr lo que realmente queremos es practicar la atención plena. Los beneficios de la atención plena o consciente están demostrados: nos ayuda a enfrentarnos a las emociones negativas y al dolor y aumenta nuestra creatividad. Sin embargo, no es preciso que pase horas sentado con las piernas cruzadas en una habitación a oscuras. Le sugerimos que ponga en práctica esta técnica de respiración sencilla un día normal y corriente:

En una posición relajada (que puede ser estar sentado frente a su escritorio o de pie en una parada de autobús), concéntrese en la respiración. Respire despacio y profundamente, y sienta cómo el aire entra en su cuerpo y luego es expulsado, lo que le da fuerzas para salir al mundo. Si otros pensamientos aparecen en su mente, déjelos fluir sin prestarles mucha atención.

UN CASO REAL DEL SÍ
ARIANNA HUFFINGTON

En 2005 Arianna Huffington fundó el diario digital
The Huffington Post, por lo que vio antes que otros muchos
emprendedores cuán poderoso llegaría a ser internet en
comparación con los periódicos. Su iniciativa se convirtió
en un éxito rotundo, pero dos años más tarde estaba tan
cansada por el exceso de trabajo que un día se desmayó
y se golpeó contra el escritorio; se rompió el pómulo y
le tuvieron que dar cinco puntos en el ojo derecho. Fue
un toque de atención brutal, y le advirtió que en su vida
reinaba un profundo desequilibrio.

Desde esa terrible experiencia, Arianna es una
gran defensora del sueño. Ahora propugna los beneficios
de dormir bien para nuestra vida laboral, y arguye que solo
cuando estamos totalmente descansados tenemos las ideas
que necesitamos para resolver las crisis mundiales. Por tanto,
vale la pena tener esto en cuenta cuando debe decidir si sigue
adelante con ese informe urgente o bien se acuesta y lo deja
para mañana.

Cuando he dormido ocho horas, me siento preparada para manejar cualquier situación durante el día sin estrés.

ARIANNA HUFFINGTON

LABORATORIO DEL SÍ

DORMIR BIEN

———

Un sueño reparador es la base perfecta para empezar el día con sus niveles de «sí» al máximo. Estas ideas le ayudarán a dormir bien y a levantarse fresco.

CONVIERTA SU DORMITORIO EN SU NIDO IDEAL: no tiene por qué gastarse una fortuna para transformar su dormitorio en un lugar perfecto para relajarse. Es primordial que las sábanas estén limpias y sean suaves al tacto, y que haya cortinas o persianas para evitar que entre la luz natural o artificial. Procure que su habitación sea un espacio diáfano, y reserve los televisores, las cajas y los ordenadores para otras partes de su vivienda.

SIGA UNA RUTINA RELAJANTE A LA HORA DE ACOSTARSE: seguir una misma rutina al acostarse ejercitará su mente en el descanso, en cualquier momento de su vida. Cada persona es distinta, pero para relajarse es perfecto tomar un baño, leer un libro (por gusto, no por trabajo ni estudio), tomarse algo caliente que no contenga cafeína y realizar ejercicios de respiración.

ANOTE SUS PREOCUPACIONES: si es de los que por la noche permanece tumbado en la cama pensando en todo lo que debe hacer, tenga un bloc de notas bajo la cama. De este modo podrá encender la luz, anotar sus ideas y sacarlas de su mente. Le estarán esperando por la mañana, cuando podrá lidiar con ellas, y evitará darles vueltas hasta la madrugada.

NO HAGA CASO DE LAS CRÍTICAS

«Bueno, para mí cuatro horas de sueño son suficientes».

Difícilmente sea verdad. Hoy en día no dormir se considera a menudo toda una hazaña, pero lo cierto es que provoca un estado de agitación frenética que hace que seamos menos productivos. No es un concurso, y no tiene ningún mérito especial estar agotado. Concédase permiso para descansar cuanto necesite.

> **«Pero necesito tener el móvil al lado de la cama».**

¿En serio? ¿Está seguro de que lo precisa? En ese caso, si considera que es vital que la gente le pueda llamar por teléfono mientras duerme, al menos desconecte todos los avisos que no sean imprescindibles, de modo que, si suena el móvil, sea por algo que realmente no puede esperar a mañana. Si usa el móvil para coger el sueño (con una aplicación de meditación guiada, por ejemplo), active el modo avión para mantener a raya las conexiones en línea hasta el día siguiente.

Creas un buen futuro creando un buen presente.

ECKHART TOLLE

¡El descanso es una
gran medicina!

THOMAS CARLYLE

SÍ, PERO...

No siempre podemos estar tan relajados
ni descansados como nos gustaría. Todos
vivimos ajetreados debido a las obligaciones
familiares o laborales, y a veces resulta difícil
encontrar algunos momentos para nosotros
a lo largo del día o desconectar de la tecnología.
Y por muy saludables y sosegadas que sean
nuestras rutinas para dormir, siempre habrá
alguna noche en que nos quedemos mirando
a la oscuridad angustiados por lo cansados que
estaremos por la mañana (o, mejor dicho, dentro
de unas pocas horas). No obstante, poner todos
los ingredientes en su debido lugar para dormir
a pierna suelta sin duda le ayudará a tomar
las riendas de la situación, y ello también influirá
de forma positiva en otros aspectos de su vida.

DIGA SÍ A CAMBIAR EL MUNDO

En los capítulos de este libro
hemos examinado casi todos
los aspectos de su vida. Así pues,
ahora es el momento de salir
al mundo, cargados con una maleta
llena de «síes», para averiguar
de qué modo podemos influir
en las personas y los lugares
que necesitan nuestra ayuda.

Si no sabe por dónde empezar,
pregúntese primero qué es lo que
le indigna o le preocupa en el mundo
que le rodea. Estas emociones tan
fuertes lo guiarán hacia los temas
que alimentarán su entusiasmo
a largo plazo. Implicarse
en una causa por primera vez
puede ser algo desalentador,

pero nadie nace siendo un líder experimentado ni un orador público, sino que las aptitudes que los caracterizan se pueden aprender y desarrollar. Lo que importa es ver de qué modo desea que cambien las cosas, y perseguir esta visión con paciencia y determinación hasta que pueda realizar progresos.

Este capítulo le ayudará a encontrar su voz y escoger su forma de mejorar el mundo.

Actúa como si lo
que hicieras marcara la
diferencia. Funciona.

WILLIAM JAMES

LABORATORIO DEL SÍ

PEQUEÑO PERO GRANDE

———

Es fácil pensar que cada uno de nosotros, como individuos, somos demasiado pequeños para realizar un cambio positivo en el mundo en el que vivimos, pero esto no es cierto. Hay numerosas formas de contribuir a cambiar algo en nuestra vida cotidiana.

Pruebe a hacer estos **actos de generosidad aleatorios** para provocar una reacción en cadena de positividad en usted y en la gente que le rodea:

- Sonría a un desconocido
- Ceda el paso a otro vehículo en un cruce
- Ayude a alguien a llevar unas bolsas pesadas
- Pregunte a sus vecinos cómo están

Cuide el medio ambiente incorporando estas acciones sencillas en su rutina diaria:

- Recoja basura (aunque no la haya tirado usted)
- Recicle
- Intente no desperdiciar comida
- Desplácese a pie o en bicicleta en vez de tomar el automóvil

Utilice estas ideas para **contribuir a las causas que sean importantes para usted**:

- Destine el dinero de sus vacaciones a organizaciones benéficas
- Compre más comestibles para el banco de alimentos
- Lleve su ropa vieja y libros a una tienda de segunda mano
- Adquiera productos de comercio justo

LABORATORIO DEL SÍ

TRANSFORME LOS PENSAMIENTOS EN ACCIONES

Una vez que haya dado un primer paso, es el momento de reflexionar sobre las siguientes medidas que puede tomar para implicarse en las causas que más le importan. A continuación le sugerimos formas para convertir sus principios en acciones concretas.

COMPARTA SU TIEMPO: puede que no haya nada tan gratificante como participar en persona en una campaña. Tanto si se une a una manifestación como si es voluntario de alguna asociación, pasar tiempo con personas que tienen sus mismas convicciones le colmará de energía y le hará sentir profundamente implicado en su causa.

RECAUDE FONDOS: un modo de ayudar a una entidad benéfica es mediante donativos, que a menudo se pueden realizar con un simple mensaje de texto. Pero no todo depende de usted: otra gran forma de recaudar fondos es mediante el patrocinio de una actividad. Si saltar en paracaídas o andar por las alas de un avión no es su estilo, considere una marcha patrocinada o incluso una maratón de lectura.

FOMENTE LA SENSIBILIZACIÓN: cuando la gente toma más consciencia de las cuestiones que afectan a nuestra sociedad, puede pasar de unas valoraciones superficiales a una auténtica empatía. Expláyese hablando de los temas que le importan con sus amistades, familiares y compañeros de trabajo. Puede que incluso consiga más adeptos para su causa.

NO HAGA CASO DE LAS CRÍTICAS

«Estoy seguro de que no me querrán en ningún grupo. No sé cómo funciona todo esto de las campañas».

Puede que nunca haya estado involucrado en una campaña, pero piense cuáles de sus aptitudes que usa cada día puede aportar. Puede emplear su talento en la cocina para colaborar en un comedor de beneficencia de su localidad, o si es contable, ayude con sus conocimientos en las finanzas de una organización benéfica. Cualquier entidad que se precie recibirá con los brazos abiertos a un nuevo colaborador, y le proporcionará todos los datos y el apoyo necesarios para ayudarle a implicarse de lleno en sus actividades.

*«No servirá de nada.
¿Por qué debería probarlo?».*

Lograr nuestros objetivos más ambiciosos exige tiempo
y planificación, y a veces nuestro progreso puede ser
lento desde un punto de vista geológico. Es importante
recordar que cada viaje consiste en un paso seguido de
otro paso, una y otra vez. Toda campaña eficaz empezó
de la nada, y si tuvo éxito fue gracias a una serie de pequeñas
acciones y voces particulares que reclamaron un cambio
al unísono. Nunca debe pensar que el progreso no es posible,
o que no puede cambiar nada uniéndose al debate.

La forma más común de renunciar al poder es pensando que no lo tenemos.

ALICE WALKER

LABORATORIO DEL SÍ

DEL SÍ

ENCUENTRE SU VOZ

Al principio, cuando nos implicamos en una campaña o en la labor de una entidad benéfica, a menudo hay un momento en que necesitamos hablar de nuestros puntos de vista. Los siguientes consejos le ayudarán a transmitir su mensaje con seguridad y claridad.

PREPARE SU MATERIAL: para prepararse para las preguntas que puede que le formule el público, dedique tiempo a investigar la cuestión. Si es posible, memorice algunas cifras para reforzar su mensaje.

RESPIRE LENTA Y PROFUNDAMENTE: mediante respiraciones pausadas y moderadas podemos invertir la reacción de «lucha o huida» que puede que sintamos cuando nos encontramos en una situación fuera de lo común y recobrar la calma.

AFIANCE SU ESPACIO: recuérdese que es capaz de hacerlo, y luego póngase bien erguido, con los pies ligeramente separados. Si su lenguaje corporal transmite seguridad, los asistentes sabrán que está al mando de la situación.

RECUERDE QUE TODO EL MUNDO DESEA ESCUCHAR LO QUE TIENE QUE DECIR: la gente le escucha porque desea saber cuáles son sus opiniones y de qué modo se puede implicar. Usted tiene un mensaje que transmitir, y ahora es el momento de exponérselo a un público entregado.

UN CASO REAL DEL SÍ
EMMA WATSON

Emma Watson conoció la fama a los once años, en 2001, cuando se estrenó la primera de las películas de Harry Potter. La serie fue cosechando éxitos y Emma se fue haciendo más famosa, hasta que llegó un momento en que tuvo la oportunidad de convertirse en portavoz de las causas que defendía. En 2014 aceptó el papel de embajadora de buena voluntad de ONU Mujeres, y pronunció ante un público internacional un discurso sobre la necesidad de la igualdad entre hombres y mujeres como defensora de la campaña HeForShe.

Con una plataforma de varios millones en los medios sociales, Emma usa las redes para divulgar sus mensajes sobre el cambio social en todo el mundo, y también dirige un club de lectura, cuyos 200 000 miembros pueden debatir ideas sobre el feminismo en profundidad. Piense en sus redes y considere dónde puede hacer que se escuche su voz. ¿De qué modo podría difundir un mensaje para promover las causas que son importantes para usted?

Os invito a dar
el paso, ser vistos
y preguntaros: si
no soy yo, ¿quién?,
y si no es ahora,
¿cuándo?

EMMA WATSON

La vida es muy breve
y lo que tengamos
que hacer lo debemos
hacer ahora.

AUDRE LORDE

SÍ, PERO...

Cada uno de nosotros posee solo un alcance, una fuerza y unos recursos limitados. Por mucho que queramos mejorar el mundo, tenemos otros compromisos que consumen nuestro tiempo y energía, y aunque trabajáramos día y noche no podríamos arreglar todo lo que es preciso arreglar. Si bien nadie es capaz de cambiarlo todo, en conjunto sí podemos mejorar algo. Centrarse en uno o dos ámbitos y canalizar nuestras energías hacia ellos resultará mucho más productivo que intentar solucionar todos los problemas del mundo de una vez. Reflexione sobre lo que es capaz de hacer, por muy pequeño que sea, y céntrese en la forma de materializarlo.

CONCLUSIÓN

CÓMO LLEVARSE EL SÍ ADONDEQUIERA QUE VAYA

———

Hemos recorrido un largo camino desde la evaluación inicial. Hay mucho que hacer, pero paso a paso y con una actitud positiva todo es posible. Sí, todo.

Vuelva al ejercicio de las páginas 8-9 y revise la puntuación que obtuvo. ¿De qué modo han cambiado sus sentimientos ahora que ha llegado al final? Es probable que haya planeado poner en práctica algunos de los laboratorios del sí, y puede que ya haya logrado realizar algunos cambios.

Para seguir ayudándole a avanzar y a alcanzar el siguiente nivel en su búsqueda del «sí», eche un vistazo a estas frases. Para cada uno de los temas que hemos tratado, decida qué tiene pensado hacer y anótelo en la línea de puntos.

Pueden ser pequeñas o grandes decisiones; puede ser algo que sea posible hacer ahora o algo que le lleve su tiempo; pueden ser fáciles o inquietarle. Con independencia de lo que elija, sea auténtico y siga su instinto.

Creo que puedo lograr mis sueños

_____

Me divierte explorar el mundo que me rodea

_____

Mi vida me brinda oportunidades para aprender cosas nuevas

_____

Progreso en mi trayectoria profesional

_____

Mis relaciones son satisfactorias

_____

Estoy contento con quien soy y con mi aspecto

_____

Mi hogar me hace sentir como en casa

_____

Después de descansar, me siento renovado y preparado para todo

_____

Creo que puedo cambiar el mundo

_____

... y voy a...

....

....

....

....

....

....

....

....

CONCLUSIÓN

APÉNDICE

SU MALETÍN PERSONAL DEL SÍ

———

Los niveles de «sí» que tiene
una persona varían de vez en
cuando. Para facilitar su consulta,
a continuación mostramos una lista
de ideas que le proporcionarán
una inyección de positividad siempre
que la necesite. Sienta el poder
concentrado de estos «síes» de bolsillo.

SI QUIERE SONREÍR:

- Mire sus fotos de familia o amigos preferidas.
- Rememore esos momentos en que lloraba de risa.
- Recuerde cuándo hizo reír a algún amigo.
- Realice una lista de canciones que le levantan el ánimo.

SI SE SIENTE ABRUMADO:

- Decida qué parte de su proyecto actual va a hacer hoy.
- Escuche su diálogo interior e intente cambiar el «no puedo» a «quiero hacerlo» y «lo conseguiré».
- Recuerde que sus héroes y referentes también se esfuerzan.
- Si experimenta una emoción muy intensa, tome consciencia de que estos sentimientos pasarán y que volverá a ver las cosas de otra manera.

SI ESTÁ NERVIOSO:

- Respire más despacio: cuente hasta cuatro mientras inspira y luego cuente de nuevo hasta cuatro mientras espira.
- Pase un tiempo rodeado de naturaleza.
- Use una aplicación móvil que le guíe en el *mindfulness*.
- Dé un paseo y procure relajarse mientras se mueve.

SI ES EL MOMENTO DE RELAJARSE DE VERDAD:

- Apague todos los pitidos y alertas de sus dispositivos y colóquelos en un lugar fuera de la vista.
- Dese un gusto con una pizza, un trozo de pastel o una ensalada de fruta, lo que más le apetezca.
- Tome un baño largo y tonificante, lleno de burbujas.
- Acurrúquese con un libro y olvídese del mundo exterior: elija uno de sus favoritos de cuando era pequeño, un cómic, una historia que le inspire o una novela fantástica que le ayude a evadirse.

Buena suerte.
Recuerde: ¡está
dentro de usted y nada
puede retenerle cuando
utiliza el poder del SÍ!

Agradecimientos

Este libro no habría visto la luz sin la asertividad y el apoyo de muchas personas.

Me gustaría dar las gracias a Zara Anvari, Roly Allen y Jenny Dye, de Octopus, por haberme brindado esta oportunidad de compartir mi confianza en el poder de la asertividad con un público más amplio.

Asimismo, me gustaría dar las gracias a todos mis amigos que han intervenido en la redacción y edición, por sus ánimos constantes. Son tantos que aquí resulta difícil nombrarlos a todos, aunque haré todo lo posible: Pete Duncan, Matt Haslum, Andy Hayward, Alison Jones, Beth Miller, Elena Nef, Justine Solomons, Laura Summers, Jo West, Francesca Zunino Harper y los grandes amigos con quien suelo compartir mensajes.

Finalmente, nada de lo que he logrado habría sido posible sin el amor que he recibido de Mary Headon, Mike Headon, James Headon y Jeremy Catlin. Os estoy muy agradecida.

Abbie Headon

Estudió música en la Universidad de Oxford y en la actualidad trabaja como redactora y escritora. Entre sus libros se incluyen *Poetry First Aid Kit* y *Literary First Aid Kit*, así como títulos sobre unicornios, gramática y cómo aprovechar el día, publicados bajo distintos seudónimos. Vive en Portsmouth con su marido, Jeremy. Salude a Abbie en Twitter: @abbieheadon.